T0095019

VICISITUDES DE NUESTRO MÉXICO

VICISITUDES DE NUESTRO MÉXICO

Ignacio Alcantar Anzar

QUESERIA, COL 21 DE DICIEMBRE DEL 2004

Número de Control de la Biblioteca del Congreso de EE. UU.:		2012908757
ISBN:	Tapa Blanda	978-1-4633-2842-9
	Libro Electrónico	978-1-4633-2843-6

Para pedidos de copias adicionales de este libro, por favor contacte con:
Palibrio
1663 Liberty Drive
Suite 200
Bloomington, IN 47403
Llamadas desde los EE.UU. 877.407.5847
Llamadas internacionales +1.812.671.9757
Fax: +1.812.355.1576
ventas@palibrio.com
406999

Introducción

El motivo que me ínsito a elaborar esta obra fue escuchar algunas personas poner en entre dicho las acciones que en sus tiempos puso en práctica, el cura don Miguel Idalgo para en emancipar a la clase trabajadora de México personas que fueron egresadas de la universidad autónoma de México casa de estudios que es de suponerse se les inculca el patriotismo del pueblo y de la nación del que son congéneres y al escuchar la forma en que se expresaron haciendo alusión de que don Miguel idalgo en tiempos de su revolución había sido un asesino y robaba bacas y quien de los mortales puede aspirar a una revolución armada sin muertos, así mismo escuche expresarse encontrar de las actuaciones loables y benéficas para el país que llevo a cavo don Benito Juárez, cuando es de considerarse que quienes se pasan la vida tras un pupitre debe aprender a valorar a las personas que habitamos cualquier rincón de México, nos dieron libertad y patria y es de considerarse que quienes se expresan así son gente retrogradas o descendientes de las oligarquías o la clase burguesas a las que a consecuencia de las rebeliones y revoluciones a considerar en el país se les privo de sus privilegios de los que gozaban libremente.

Fecha de inicio 2002 a 21 Diciembre 2004

P arece mentira que en la generación que vivió y pobló nuestro suelo patrio, en los años que corrían en 1810, nuestro pueblo acaudillado por alguien que en el estado de vida que se encontraba el personaje al que me voy a referir le hubiera sido mas cómodo hacerse de la vista gorda y sí se hubiera dedicado a vivir cómodamente, como el común de la gente de todas las épocas, ya que era de un estrato social muy diferente a las gentes por las que dejó sus privilegios para tratar de emancipar el dolor y el sufrimiento de la clase trabajadora que el hacendado trataba peor que animal de carga; y así como en siglos anteriores hubo un Jesús de Nazareno que predico la equidad entre la humanidad, pero las clases acomodadas valiéndose primero del poder económico y luego del fuero como gobernantes hicieron de las predicas del nazareno una serie de diversificaciones para seguirse aprovechando de los recursos naturales que nada les había costado, pero tales recursos los tenían en su poder para beneficio de unas cuantas gentes y en detrimento de la gran mayoría.

Fue así como quedo en la nada las predicaciones comunitarias que llenaron de esperanza muy somera al mundo en general, porque luego se desvaneció y volvió a quedar en la miseria y desesperanza para toda la humanidad en el mundo terráqueo, o sea que fue Jesús de Nazareno el primero y único comunista sobre la tierra, ya que ninguno de sus contemporáneos supo captar el mensaje que les dirigió, y es así como después de muchos siglos fue un condiscípulo del nazareno quien trato de liberar a los mexicanos de la esclavitud en la que estaban sometidos los pobladores de nuestro México, es pues al cura Hidalgo a quien me he venido refiriendo, como primer caudillo de nuestro pueblo, y así como el nazareno fue crucificado por detentar en contra de los reyes de su época, así el cura hidalgo fue fusilado por tratar de liberar de la esclavitud al pueblo mexicano.

El cura hidalgo no quería que corriera mucha sangre, sino que los hacendados reconocieran que la clase trabajadora fuera tratada como seres humanos, pero a los hacendados tampoco les cabía en la cabeza la realidad de los acontecimientos y juzgaban de enajenado mental al cura Hidalgo, pero como las guerras en ningún momento son cosa de juego y desatada la rebelión y a fin de que el alto clero y la insipiente sociedad en el mundo de ese momento y con los ánimos del pueblo bien caldeados, el propio cura tuvo que aceptar la realidad, y la realidad en las guerras es derrotar al enemigo, y para derrotar al enemigo hay que asesinar y el cura Hidalgo tardo en asimilar la realidad de los acontecimientos y como consecuencia en sus acciones de guerra, fueron derrotas y su aprensión y con ello su fusilamiento, causas, la indesicion por no matar al prójimo, mismo que no se detuvo en ordenar el asesinato o fusilamiento del cura y el capitán Allende, a quien se le consideraba estratega de guerra, ya que era capitán de carrera, pero el cura en diferentes ocasiones no acepto las sugerencias estratégicas, pero debían morir inocentes, oportunidad que aprovecharon los hacendados apoyados por el gobierno, creyendo estos que asesinando a los cabecillas la rebelión ahí iba a parar, pero afortunadamente para la independencia del pueblo no fue así, la mecha en contra de la explotación en las mentes de muchos mexicanos ya estaba encendida y la rebelión independentista ya estaba regada por muchos rincones del suelo mexicano.

Al analizar los acontecimientos se pensó que don Miguel Hidalgo había perdido la guerra, pero la realidad fue que reconoció el cura que no iba a poder dominar las avalanchas de gente enardecida, sin ninguna disciplina y que lo único que los guiaba era la sed de venganza en contra de los opresores que por tantos años los habían tenido sometidos, y don miguel hidalgo prefirió su sacrificio a seguir contemplando las avalanchas de asesinatos en forma indiscriminada, por parte de la gente que él mismo había acaudillado, pero aunque cayeron los primeros insurgentes surgieron otros muchos caudillos como Agustín de Iturbide, Vicente Guerreo, don José Maria Morelos y Pavón y otros muchos más que aún a sabiendas de que ellos no verían el triunfo de sus anhelos, pero confiaron en que otros los secundarían. Y así siguió corriendo el tiempo entre guerras y guerrillas de las clases trabajadoras, porque se les reconociera un lugar dentro de la sociedad como humanos que eran, pero que las clases oligárquicas y burguesas no querían aceptar como iguales a quienes habían tenido la desgracia de haber nacido pobres. Todo esto sucedió entre los años de 1810 a 1840 y siguen corriendo los años, época en que le tocó a don Benito Juárez aún en medio de convulsiones y descontentos entre las diferentes clases sociales, los ricos que no querían sucumbir a reconocer como iguales a la clase trabajadora y porque veían amenazados sus intereses y privilegios por las gentes que todavía eran sus esclavos, y le toco a don benito Juárez sortear los grandes problemas que se habían creado.

Por una parte no había economía, por otro lado el país a consecuencia de medio siglo de guerra estaba diezmado en sus recursos humanos, ya que la clase trabajadora no podía dejar las armas para ponerse a trabajar, porque sabían que si dejaban las armas perderían sus anhelos y esperanzas de liberación, pero afortunadamente don Benito Juárez tenía muy arraigado su origen y tuvo la buena suerte de prepararse y conocer las visitudes que entraña la vida y al mismo tiempo la oportunidad de conocer el papel que en forma real desempeñaba el alto clero a nivel universal, y una vez que analizó las actitudes de los jerarcas del alto clero llego a la conclusión de que tal actitud que desempeñaba el mencionado alto clero era todo lo contrario de lo que Jesús de Nazareno había predicado, y es muy posible que en tales reflexiones haya considerado que si cristo hubiera regresado a la tierra jamás hubiera reconocido a los de él, pero por fortuna para los mexicanos y sobre todo para la clase aborigen a la cual pertenecía por nacimiento y en la cual pensó al igual que don Miguel Hidalgo, pero don Benito Juárez estaba conciente que no debía entrar en controversia en forma directa con el clero, ni con los hacendados, sino que debía tratar de conciliar intereses que debían defenderse, porque Juárez tuvo que buscar formas estratégicas para que se amainaran las ambiciones, ya que todo esto había sucedido después de eliminar el nefasto virreinato y para que se amainaran las ambiciones de apoderarse del territorio mexicano diferentes países que lo ambicionaban; una de las medidas fue invitar a inversionistas extranjeros a invertir en el comercio y en empresas, dándoles facilidades para establecerse, fue en esa forma en la que Juárez aminoro el intento de apoderarse del territorio nacional algunos gobiernos extranjeros, ya que eran los franceses, ingleses, alemanes y los americanos con su afán de expansionismo los que ambicionaban controlar el territorio mexicano y fue así como termino don benito su existencia sin haber logrado liberar a la clase trabajadora de la miseria.

Luego de pasar por diferentes acontecimientos dentro del país le toca gobernar a don Porfirio Díaz, quien siguió la secuencia de don Benito Juárez, dándoles facilidades a los extranjeros, pero fueron tantas las facilidades que cuando quiso ya no pudo contener la avalancha de ambiciones de poder económico y don Porfirio se engolosino de halagos que los burgueses y oligárquicos le habían venido brindando, y al mismo tiempo lo afianzaban para sostenerse en el poder y todo esto a cambio de que les concediera el privilegio de hacer lo que a sus intereses económicos convinieran y entre esos intereses estaban la de explotar a la clase trabajadora que utilizaban a su servicio, ya fuera en las haciendas y fincas o en empresas industriales, en la minería, y en el comercio, actividades de las que poco a poco se habían venido apoderando, marginando y esclavizando nuevamente a las clases naturales que en su mayoría eran indígenas, auténticos dueños del territorio mexicano y que en forma paulatina había venido perdiendo y mas aún con el apoyo de Porfirio Díaz que se había echado completamente en brazos del capital extranjero, sometiendo en la peor desesperanza a las clases naturales y trabajadoras de los campos mexicanos.

Y así transcurrieron casi treinta y cinco años; afortunadamente aún entre la clase adinerada hay quienes se conduelen de las injusticias y atropellos que se cometen en contra de la clase desprotegida, en esta ocasión fue don Francisco I. Madero quien vuelve a tomar las inquietudes del Nazareno a nivel universal, de don Miguel Hidalgo de Iturbide, de don José Maria Morelos, Vicente Guerrero y don Benito Juárez en México, con su frase celebre de **el respeto al derecho ajeno es la paz**, así don Francisco I. Madero vuelve a enarbolar la lucha redentora con su frase de **sufragio efectivo de no reelección** y se lanza a la lucha armada logrando derrocar nuevamente al abanderado de las clases burguesas y oligárquicas incrustadas en el país; desgraciadamente madero utilizo el pluralismo al conformar su gabinete y les dio entrada a muchos judas, y esa fue la causa de que durará tan poco tiempo su mandato. Fue así como inicio otro periodo de ambiciones de poder, en esta ocasión involucrándose las diferentes clases sociales que con el transcurso del tiempo se había integrado al país, y en el que con el apoyo de los hacendados el clero había creado dentro del país muchos intereses económicos, y con esto poder de decisión gubernamental al grado de alentar a su conveniencia a las gentes que participaban en la lucha armada, y en medio de un sin fin de trifulcas llega a la conducción del país don Venustiano Carranza general de carrera, pero con poca visión del país y azuzado por el alto clero y los hacendados que se negaban a perder sus privilegios que no pocos habían adquirido a base de triquiñuelas, tuvo que ser un revolucionario visionario quien redactara la constitución que debía regir para que el pueblo se condujera dentro de la legalidad y así el general Juan Álvarez un verdadero revolucionario, porque se dejo ver en la redacción de la carta magna que le presentara a don Venuztiano Carranza, en donde le exponía como debía regirse la administración gubernamental del país, mismas que ya en diferentes ocasiones habían intentado poner en práctica diferentes luchadores, la de Juárez en su época, la de Morelos, la de Emiliano zapata con su frase de tierra y libertad, que se habían tratado de poner en practica en diferentes convenciones que habían sostenido los generales que habían logrado rango en la lucha armada y otros que eran generales de escuela, que comulgaban con los mismos ideales de justicia social.

Fue así que le toco a don Venustiano carranza exponer ante la cámara de diputados del país la carta magna para que se decretara en términos legales, en donde se sometía al pueblo mexicano a tener derechos y obligaciones, pero como es de suponerse que para plasmar en líneas escritas se hace necesario que la persona que las escribe las sienta dentro de sí mismo, para que a la hora que se haga necesario un ideal se defienda con convicción de hombre bien nacido, y como don venustiano no fue quien plasmara las ideas benefactoras para el pueblo mexicano fue así como don venustiano haciendo poco caso de la Carta Magna, siendo presidente de la republica le siguió dando, aconsejado por el alto clero los privilegios a la alta burguesía oligárquica que la componía los hacendados, y a consecuencia de tal comportamiento se comenzó a inconformar el general Álvaro Obregón y junto con él la mayoría de los generales que habían participado en lo que había sido denominada, como la Revolución Mexicana y como don Venustiano hizo caso omiso de tal inconformidad se gesto su derrocamiento dando así comienzo a la otra guerra de los pasteles, o sea que acualmas de los generales que habían tomado parte en la revolución quería ser presidente, y habiendo sido presidente sustituto Álvaro Obregón y luego presidente electo y con ambiciones a reelegirse elimino a varios valiosos revolucionarios, porque los considero enemigos en potencia y como en la carta magna convertida en instrumento de ley se prohíbe la reelección Obregón pretendió modificar el instrumento legal para poder reelegirse, y como tenía el poder para hacerlo quienes no estaban de acuerdo con las reelecciones consideraron que no había mas forma de evitar la reelección que eliminarlo y con esto se nulifico el nefasto reeleccionismo. Fue así como le toco entre un sin fin de inconformidades tomar las riendas del país al general Plutarco Elías Calles y tratando de poner en practica una de las noblezas de la constitución política de los estados unidos mexicanos, o sea la carta magna del general Álvarez, y una de las bondades que contenía y contiene es el derecho de todo ciudadano a la educación, derecho que las clases burguesas y oligárquicas no querían aceptar para la clase trabajadora, ya que argumentaban que los trabajadores al servicio de las haciendas no necesitaban educarse, ya que ellos les proporcionaban el alimento, o sea que los seguían considerando como animales de carga u objetos de diversión carentes de sentimientos, o sea que para los ricos los trabajadores no eran seres humanos, pero afortunadamente como lo he venido mencionando siguió habiendo hombres dispuestos a redimir a la clase trabajadora, y esa fue una de las tendencias de don Plutarco Elías Calles, que el pueblo mexicano sin distingo de clase se educara y se preparara, pues los ricos ya tenían colegios y seminarios, y para los pobres se creo la educación obligatoria pública, o sea que a los pobres los instruiría el gobierno de la republica a través de los estados que la componen, pero como se ha dejado ver a través del tiempo todas las buenas acciones tienen tropiezos y había gentes nefastas que consideraban nuevamente amenazados sus privilegios y comenzaron a buscar argumentos, para desestabilizar a un gobierno que empezaba a penas a querer organizar las estructuras del país, y los hacendados se confabulan con el alto clero del país, buscan la forma de involucrar algunos generales que habían participado en la revolución y que ambicionaban el poder, aceptan la alianza con los hacendados, los ricos y el alto clero para derrocar a don Plutarco, ya que con las medidas que habían tomado consideraron que sería fácil el derrocamiento, porque involucrarían al pueblo, consientes de que el pueblo respondería a su favor, ya que el clero tenia a la población mexicana demasiado fanatizada en las creencias religiosas; Fue así como se acuso a don Plutarco de anticlerical y que iba a serrar los cultos en el país, y para esto el clero en todo el país hizo un simulacro serrando templos en diferentes partes de la republica, con el argumento de que eran ordenes y prohibiciones de don Plutarco el que se celebraran actos religiosos en México y fue así como se inicio la inútil y nefasta Revolución Cristera.

Inútil porque fue una guerra que no había sido impulsada por ningún ideal y nefasta porque quienes es de considerarse que estaban participando e impulsando al pueblo a guerrear eran gentes de las mas vil que pueda el ser humano imaginar, sobre todo sabiendo el rango que representaban dentro de la sociedad. Y fue así como paso don Plutarco su periodo de gobierno defendiendo que no volviera a quedar el país bajo las nefastas direcciones, y para que se distinguieran las gentes que eran amantes y deseaban la libertad del pueblo mexicano era necesario que este estuviera organizado, es así como piensa en la formación del partido de la Revolución Mexicana y sin lograr la consolidación de la nación y como ya se habían aplacado las ambiciones reeleccionistas, pero tenía que buscar la forma de que quien tuviera la responsabilidad del país fuera alguien con convicciones revolucionarias y que tuviera la tendencia a proteger las clases mas desprotegidas, y para eso era necesario pensar en proponer a gentes que estuvieran identificados con los ideales revolucionarios, fue así como hubo la necesidad de utilizar el dedazo, como se le llamo después, y en esa forma llego a ocupar la dirección del país el ingeniero Portes Gil que paso con la dirección y decisiones que tomaba el propio Plutarco Elías calles, y en la misma forma asume la dirección del país don Lázaro Cárdenas del Río, general que se había distinguido durante la revolución por ser una persona disciplinada, acción por la que los demás generales lo consideraron fiel a la causa, y fue en don Lázaro en donde se dejo ver que no es necesario que la persona se pase veinticinco años o mas en las aulas de las escuelas para poder llevar las riendas de una empresa, como es la dirección de un país, ya que don Lázaro provenía de una familia humilde y trabajadora en el campo, por lo tanto conocía las dificitudes y estragos por las que estaba pasando la clase pobre y humilde del pueblo mexicano; siendo aún muy joven se enrolo como soldado en el ejercito y seguramente su propósito al participar en la revolución no fue matar gente, sino que su actuación en la revolución fue serle fiel a los jefes y acercarse a quienes tenían el mando, pero al mismo tiempo haciéndose notar con sus opiniones, dejándose en esa forma traducir su manera de pensar en esos tiempos difíciles y confusos, cuestión que fue dándole la clave para ir logrando asensos dentro del ejercito y es así como al final de la revolución alcanzó el grado de general, siendo aún muy joven, pero siendo ya el primer mandatario, el general Calles pretendió imponerse en dediciones que el general Cárdenas ya no atendió, motivo por el cual el general Calles se molesto y como se consideraba aún el promotor del gobierno y a Cárdenas lo consideraba su ahijado en política, y con la docilidad con la que se había distinguido desde que se enlistara en el ejercito se le acerca a la casa de gobierno y le pide que renuncie a la presidencia, porque dadas las circunstancias a las que se encontraba el país él no podía seguir con la administración de la nación y cárdenas mostrando plena mansedumbre le contesta, que no había problema, que preparara el documento de renuncia, pero que le diera setenta y dos horas para recoger sus pertenencias luego con todo gusto firmaba el documento de renuncia y él se retiraba, don Plutarco con tales afirmaciones se retira, y a Cárdenas le bastaron unos minutos para elaborar un plan de contra ataque y como en todo país la fuerza bruta se encierra en el ejercito y para evitar enfrentamientos inútiles y dada su investidura en el país llama a los treinta y dos generales encargados de las zonas militares de cada una de las entidades federativas del país a una reunión urgente a la ciudad de México, instruyéndolos a cada uno por separado como si fuera el único que llamaba con absoluta discreción, y antes de veinte cuatro horas ya tenia acuartelados a los principales hombres que representaban la fuerza bruta de calles en el país y en esta forma son cambiados por otra fuerza bruta, pero ya al mando del presidente de la republica a lo que ostentaba Lázaro Cárdenas del Río, y antes de las siguientes veinti cuatro horas, cárdenas llama a Calles y cuando estuvieron nuevamente frente a frente, Calles le entrega el documento de renuncia debidamente elaborado, Cárdenas toma el documento con calma, le da lectura y al terminar de leer nuevamente lo deja caer al escritorio, hasta ese momento los dos se encontraban de pie y en forma mesurada le dice Cárdenas a don Plutarco, general yo a usted lo había considerado como mi propio padre y siento en el alma que nuestra relación como hombres de lucha se haya terminado en esta forma, pero tenga la seguridad señor general que la actitud que en estos momentos tomo, la he decidido con dolor en mi corazón, pero tenga la seguridad que no lo hago por mí, sino lo hago por buscar la tranquilidad y la paz para la nación, y movió los dedos, y al momento estuvo a los lados de Calles una bien pertrechada escolta y pregunta un tanto azorado don Plutarco ¿qué significa esto Lázaro? contesta Lázaro: significa general que soy el presidente de la republica y que desde este momento queda usted desterrado del país y que esta misma escolta lo acompañará hasta el puerto de Veracruz en donde lo espera un buque que lo trasladara hasta Francia, país en donde estará usted en calidad de asilado, con la consigna de que no podrá usted regresar a México. Fue así como termino la última guerra de los pasteles, de esta manera medianamente se rompieron un poco los lazos entre las clases burguesas y oligárquicas con las que siempre estuvieron confabuladas con el clero, ya que al igual que los hacendados y las clases oligárquicas y burguesas poseían igual de intereses económicos dentro del territorio nacional, fue por eso que don Lázaro tuvo que tomar drásticas desiciones para la actuación que debía tomar el clero dentro del país, y sin prohibirles sus funciones como orden religiosa y que únicamente debían dedicarse a predicar la espiritualidad al pueblo mexicano y que todo lo que poseían en vienes materiales podrían seguir usufructuando tales bienes, pero sin poder comercializar nada de lo que poseían, ni intervenir en política y quienes abrazaran el culto religioso su misión seria únicamente evangelizar al pueblo en lo religioso o espiritual, y que todas sus posesiones materiales pasarían a ser propiedad de la nación y para consolidar en lo político y darle amplia participación en la administración publica a la clase trabajadora, y al pueblo lo arengo a que se organizaran por ramas de actividad y fue así como el licenciado Lombardo Toledano forma la confederación nacional de trabajadores de México, que en siglas se le ha conocido como la (CTM), o sea que en esa forma quedan organizados los obreros al servicio de las empresas industriales y mineras, para entonces ya estaba formada la central de obreros y campesinos conocidas como CROC, pero su principal líder era un camarada apellidado morones, pero su actuación se caracterizaba mas a favor del industrial que a favor del trabajador, y por parte del campesinado arenga a graciano Sánchez para que forme la confederación nacional campesina conocida como CNC, y así el presidente Lázaro Cárdenas le cambia de nombre al partido llamándolo como se le conoce actualmente, partido Revolucionario Institucional con sus siglas PRI, y en ese entonces se consideraron los tres pilares que serían el sostén del partido, en donde estarían representadas la defensa de los intereses de la clase trabajadora en la administración pública, ya que debía ser el partido quien nombraría a la persona que debía llevar las riendas administrativas del país, y los sectores que conformaban al partido debían apoyar y solidarizarse con el nombramiento que el partido hacía con la decisión y pronunciamiento de su titular, y al contemplar la plataforma política que don Lázaro había formado y dentro de esa plataforma no estaban consideradas las clases burguesas, estas se inconforman ante el presidente, ya que se sintieron relegados para participar en la administración publica del país, don Lázaro con tranquilidad les contesta, que no había ningún problema, que se organizaran para que pudieran participar en las contiendas electorales y que a los puestos de representación pública llegarían las personas que el pueblo eligiera, y fue así como quedan organizadas las clases burguesas en la organización que para tales efectos se le llamó confederación de organizaciones populares, con las siglas CNOP, organización que aglutino a los comerciantes y terratenientes del país, formando además la confederación de la pequeña propiedad, ya que serían los representantes de las diferentes organizaciones, las gestoras de la legalidad de las diferentes tenencias de la tierra, ya que había sido una de las causas principales por las que el pueblos mexicano había participado en lo que se llamó Revolución Mexicana y para que hubiera seguridad en la tenencia de la tierra, ya que el reparto agrario venía siendo un hecho en todo el territorio nacional, pero la alta burguesía no queriendo mezclarse con quienes consideraban inferiores optan por formar, para estar también organizados aún a sabiendas que en el ejercicio político serian minorías; forman el partido Acción Nacional conocido con las siglas PAN, y pues sí en cien años de confrontación armada no habían logrado someter al pueblo, cambian de estrategia y le dan inicio a una guerra fría, ya que sabían que el gobierno constituido sería presa fácil, ya que carecía de recursos económicos para sacar al país de las grandes necesidades a las que debía enfrentarse y ahí era en donde poco a poco comenzaría el juego; y su primera estocada fue congraciarse con el presidente, haciendo reuniones en su honor y adulándolo, ofreciéndose en colaborar con aportaciones económicas para tal o cual programa de gobierno que él mismo emprendiera en el país, y una vez que fueron logrando su confianza comenzaron a proponerle gentes para puestos en las áreas administrativas en las diferentes dependencias de gobierno y fue así como invadieron la mayor parte de las áreas estratégicas en las diferentes áreas públicas del gobierno y de ahí intervenir en las decisiones en el partido oficial y en las organizaciones de trabajadores, por ejemplo en la CTM eliminan a lombardo toledano, que era el cerebro de la organización y en su lugar colocan a Fidel Velásquez un sujeto que no sabía lo que eran ideales y aconsejado por los empresarios sosteniéndole fiestas y reuniones que no le costaban a la organización, sino que se las costeaban los dueños de las empresas a cambio de que no fuera muy exigente con las demandas de los trabajadores, eso fue en un principio, conforme fue pasando el tiempo consideraron que si sostenían a Fidel en el poder, ellos los industriales obtendrían suficientes ganancias, y como se deja ver que el rico no tiene llenadero, así mismo se vio la ambición de don Fidel Velásquez, que era completamente carente de escrúpulos y nunca supo lo que eran causas ni ideales y se dedico a sacarle partido a la situación, pero en forma personal, por un lado tenía el dinero de los obreros, haciéndose pasar como defensor de sus intereses, siendo que fue el propio Fidel el causante del encarecimiento de todos los artículos industriales que se comercializaban en el país y, para eso confabulado Fidel Velásquez con los empresarios anualmente pedían aumento de sueldo, y los industriales hacían que se negaban a aumentar los salarios y entonces los sindicatos encabezados por Fidel amenazaban con las huelgas y siguiendo la pantomima de la huelga pedían un cien por ciento del salario, y aparentaban discusiones con los empresarios y ni siquiera era con los empresarios, sino que con sus representantes, ya que los empresarios no tenían por que preocuparse, pues eran ellos mismos los que preparaban el juego de a cuerdo, de ante mano con Fidel y en las desiciones simuladas del cien por ciento que se pedía, al trabajador le aumentaban un doce por ciento, esto por decir que se había llegado a un acuerdo, pero de que le servia al trabajador ese miserable aumento si los industriales eran ellos mismos quienes representaban la cámara de industria y comercio, representaban a la dependencia oficial que servia de juez en las partes, y esta era la secretaria de trabajo y según previsión social, con sus ramificaciones en todos los estados del país, esto fue por el lado laboral y comercial en toda la republica, ya que al siguiente día todos los artículos industriales aumentaban un cien por ciento, así que quienes salían beneficiados eran los industriales y con una buena tajada Fidel Velásquez .

Ahora me referiré a las acciones en lo político: como era uno de los pilares que sostenían al revolucionario institucional y era el partido quien tenia que señalar a las personas que tendrían que ir a representar en las cámaras de senadores o de diputados en primer lugar a la organización que lo señalaba y para esto si quiera hubiese sido un obrero que hubiera ido a cualquiera de las cámaras a que se promulgaran leyes a favor de los trabajadores, ¡ha! pero no la organización tenía que solidarizarse con el partido y así como en las dependencias de gobierno las clases burguesas y oligárquicas ya las tenían invadidas, así también habían invadido al partido y al mismo tiempo tenían controlado a don Fidel, así pues no les costaba ningún trabajo señalar a su propia gente, para que sí a la presidencia de la republica llegaba alguien con verdaderas ideas revolucionarias, ahí estaría su gente para distorsionar cualquier programa con tendencias revolucionarias. Fue así como paso su vida don Fidel Velásquez, siendo esquirol de la clase oligárquica y burguesa de México. Otra cosa hubiera sido el movimiento obrero si en lugar de don Fidel hubiese sido lombardo toledano.

Algo similar sucedió con la Confederación Nacional Campesina, ya que el autentico campesino que represento a la organización fue Graciano Sánchez, porque también por ese lado fue invadido el sistema, porque a la representación la comenzó a ocupar puro latifundista y terrateniente para desde ahí boicotear el sistema de reparto agrario. En algunas partes el reparto fue demasiado fracturado, y utilizando un sin fin de artimañas para repartir a los campesinos y dejarles en sus mayorías las partes áridas y de mala calidad y así proteger al rico, dejándole las tierras de riego y de mejor calidad; esto por un lado y por otro se formaron instituciones de crédito, instituciones que también acapararon y esquilmaron las arcas monetarias del gobierno, ya que de cada peso que el gobierno otorgaba al campo, únicamente un cinco por ciento iba a veneficiar al campesinado, o sea al comunero y al ejidatario, cuando tenían la suerte de haberse visto favorecidos con el mencionado financiamiento y para hacerlos fracasar en el cultivo de sus tierras se les entregaba el dinero en forma extemporánea, sin embargo el otro noventa y cinco por ciento se lo repartían los pequeños propietarios, y para ellos sí a su tiempo y en esa forma se distorsiono el reparto agrario en todo el país, acusando al ejidatario y al comunero de improductivo, sin embargo así siguieron esquilmando al gobierno porque luego idearon el seguro agrícola y ganadero, pues en esta forma encontraron un verdadero barril sin fondo, porque así por medio del crédito le sacaban al gobierno el dinero, y por otro manifestando mucha superficie para sembrar y en la mayoría de veces eran superficies fantasmas porque jamás las sembraban, pero sí cobraban los seguros agrícolas de superficies que jamás sembraban y para hacer estas maniobras de ante mano preparaban todo el teatro, y para que se manejaran las cosas a su entera satisfacción ellos mismos nombraban a la persona que dirigiría el aparato administrativo desde el centro y luego en todos y cada uno de los estados de la republica.

Fue esta la guerra fría que iniciará la clase burguesa y oligárquica que no pudo vencer con las armas al pueblo, pero si con estrategias administrativas y para no mezclarse con la chusma, en lo político participaban en el partido acción nacional, esperando dar el sarpaso final.

Lázaro Cárdenas, terminado su mandato y considerándose el jefe máximo fue quien estuvo señalando a quien debía de ocupar la presidencia de la republica hasta la designación de don Adolfo López Mateos, fue entonces cuando se dio cuenta que había sido utilizado por la alta burguesía y pretendiendo corregir las cosas preparo un golpe de estado para recuperar los logros revolucionarios que sentía y sintió que había perdido; el golpe lo daría un 16 de septiembre, cuando el presidente estuviera dando el grito de independencia y al mismo tiempo se tomarían las treinta y dos zonas militares del país por asalto y también palacio nacional, ya que se tenían distribuidas en partes estratégicas, gran cantidad de armas en la mayoría de los estados de la republica, en el golpe iban a participar todas las defensas rurales y había una en cada ejido, participarían los ferrocarrileros, los electricistas y mucha población civil, al mando de varios generales del ejercito que estaban esperando el grito de YA para lanzarse con las armas, pero alguien sintió que no era prudente una revuelca civil, ya que se consideraba que apenas se estaba estabilizando la situación económica del país, aun que pese a los cien años de lucha armada que se habían desarrollado nunca se había estabilizado, ni en lo económico, ni en lo político y mucho menos en lo social el país, todo a consecuencia de que las clases burguesas y oligárquicas no se habían resignado a compartir las bondades de la naturaleza con los que tienen menos, y alguien en forma anónima le dio aviso a don Adolfo López Mateos de lo que se gestaba en su contra, y don Adolfo para asegurarse de los que considero rumores, en forma discreta hecho mano de la escuela de ciencias policiales y detectives especializados de varias partes del mundo, peritos para detectar espionaje y fueron distribuidos en todo el territorio nacional y en un corto lapso se logro esclarecer la realidad de lo que se gestaba y que todo el movimiento se había estado haciendo en forma lenta y discreta, utilizando como medio de transporte el ferrocarril, ya que eran nacionales de México y se iban a utilizar para salvar la nación de las garras de la nefasta burguesía oligárquica que se había apoderado nuevamente del país, lo que no sabemos si fue para bien o fue para mal, pero se frustro el golpe de estado que se había preparado, y una vez que se esclareció el fallido golpe la responsabilidad de quienes habían preparado lo que estuvo por acontecer y tratando de proteger a don Lázaro, fue un

ferrocarrilero quien se hecho la culpa de tal movimiento y el gobierno de la
republica, o sea don Adolfo hizo como que lo aceptaba, pero no lo creyó, y el
ministro de la defensa nacional que como tal fungía en esos momentos azuzaba
al presidente para que el ejercito arrasara la fortaleza en la que don Lázaro se
había recluido, pero don Adolfo en forma por demás calmada no acepto tal
acción, respondiéndole al ministro de la defensa nacional que con tal actitud de
nada habría servido haber frustrado el golpe que se había gestado, y que era
mucha la gente que estaba preparada para seguir a don Lázaro y que por lo
tanto lo mas prudente era no hacer ningún movimiento y sin comentarios para
ver si era posible que este acontecimiento no trascendiera fuera de nuestras
fronteras, y fue así como don Adolfo López Mateos le corto de tajo la intervención
en los medios políticos, administrativos y públicos al general Lázaro Cárdenas
y fue así el fin de su carrera política, y en esa forma quedo fuera de las funciones
públicas y al quedar desplazado y a sabiendas de que el pueblo de México
quedaría en manos de las nefastas clases burguesas y oligárquicas que ya se
habían apoderado del país, y al no poder hacer nada fue tanta su frustración
que se enfermo de no poder y al año y medio murió. Y como los demás
revolucionarios se fue de este mundo sin haber podido liberar del todo al pueblo
mexicano, no obstante que tuvo la oportunidad de haberlo hecho y consiente
de que habían podido mas las adulaciones de los burgueses que su propia
inteligencia, ya que tubo el poder en sus manos y este fue uno de los grandes
golpes que a través de la guerra fría le dio la burguesía a la revolución mexicana,
y ante tales acontecimientos hubo momentos de incertidumbre en todo el país,
que nadie confiaba en nadie y para colmo estaba por terminar el mandato
presidencial y fue así como se siguió dando la formula del dedazo, o sea que el
mandatario en turno señalaría a quien lo iba a suceder en el siguiente mandato
presidencial, y así don Adolfo López Mateos señala al secretario de gobernación,
y este era Gustavo Díaz Ordaz, mandatario que se caracterizo por haber sido

mesurado en sus desiciones, situación que aprovecharon muchos vívales incrustados en el partido revolucionario institucional, incrustados en las organizaciones de trabajadores, en la CTM, en la CNC, y en la CNOP; y las gentes que manejaban las organizaciones formaron mafias que se caracterizaron como mafias políticas manejadas por los lideres políticos y eran ellos desde el centro quienes decidían quienes ocuparían los puestos llamados: de elección popular como eran diputaciones locales, presidencias municipales y algunas diputaciones federales y eso cuando las recomendaciones no representaban ningún peligro para la burguesía, esas mafias se extendieron a todos los rincones del territorio nacional que controlaban y controlan desde una comisaría que son a los que se les denomina a las personas que ejercen la autoridad en las regiones mas apartadas del pueblo dizque civilizado ¡ha! porque las representaciones al cenado de la republica y a las gobernaturas, esas posesiones estratégicamente políticas las decide la alta burguesía del país, aún hasta ahora, ya que se las han ingeniado para extender sus redes hasta todos los formulismos que les han llamado democracia y hasta las han simulado auspiciando diferentes partidos políticos, ya que el único partido que se formo con aspiraciones bondadosas para la clase trabajadora de México, después del PRI en su inicio, ha sido el Partido de la Revolución Democrática PRD, que mas adelante me ocupare de su constitución, por lo tanto, me volveré a ocupar de los acontecimientos un tanto relevantes en la administración de don Gustavo Díaz Ordaz y como lo he venido analizando en estas líneas escritas, en las cuales he venido considerando que si bien no hubo ya luchas armadas abiertas, pero si las clases burguesas y oligárquicas continuaron con su guerra fría y así continuaban soplándole al oído al mandatario en turno, y fue así que azuzaron a Díaz Ordaz que se estaba preparando un golpe de estado en su contra a través de las universidades publicas del país y que el gobierno de la republica debía sofocar el mencionado golpe, ya que el estudiantado encabezados por la Universidad Autónoma de México se preparaba para celebrar algunos acontecimientos propios de la universidad y para eso se habían dado cita en la explanada de la unidad habitacional de tlatelolco y efectivamente ahí iba a ser la concentración del mencionado acontecimiento, y el estudiantado junto con sus maestros llevaban escritos y ponencias, en donde le solicitaban al gobierno de la republica apoyo para mejorar diferentes áreas para mejorar la instrucción académica, pero jamás habían pensado en ninguna insubordinación en contra del gobierno, ya que eran los maestros quienes mejor enterados estaban de las deficiencias económicas en las que se encontraba el país, pero la alta burguesía le soplo al oído a don Gustavo a tal grado que le hicieron creer que detrás del estudiantado estaban los comunistas, para llevar a cabo tales desatinos y don Gustavo sin analizar las consecuencias ordeno la masacre que se llevo a cabo en esa trágica noche, en el año sesenta y ocho y es así como don Gustavo tratando de lavarse las manos le dio instrucciones al secretario de gobernación para que echara mano de todas las corporaciones policíacas y hasta del ejercito, para que actuaran sin consideración en contra de todos los que acudieran a tal concentración y fue así como en forma brutal fueron asesinados un centenar de jóvenes y maestros, que su único delito era estar viviendo la época de sus inquietudes, ya que era esa la única arma que llevaban encima y no sólo fueron los estudiantes y maestros, sino que hasta los vecinos de los alrededores de tlatelolco que tuvieron la desgracia de verle la cara a muchos de los asesinos y estos para que no quedaran testigos los acallaban con balas, mientras don Gustavo para no estar cerca de los acontecimientos, simulo una gira de trabajo por el estado de Colima y don Gustavo para tratar de seguir cubriendo los desastrosos hechos nombra a su sucesor en la siguiente administración al secretario de gobernación, y este era don Luís Echeverría Álvarez, pero a través del tiempo que todo lo guarda, sino en líneas escritas, sí a través de la historia o en ocasiones, sí en la conciencia de los actores intelectuales, ya que a don Gustavo la enfermedad que lo llevo a la tumba fue una fuerte depresión, porque no pudo contener sus remordimientos de conciencia. Y así termina otra administración presidencial y da inicio la siguiente; para esto don Luís, una vez habiéndose quitado el luto del trágico sesenta y ocho, ya que con traje nuevo y con respecto a los acontecimientos trágicos, él había cumplido ordenes de estado, así que por su conducto borrón y cuenta nueva. Y es así como se da inicio a otro sexenio gubernamental, pero no había gran cosa que hacer, ya que todo estaba debidamente acomodado porque ya de antemano la clase burguesa y oligárquica ya había señalado quienes de sus gentes ocuparían las diferentes secretarias de estado y su labor en principio era llevarle al presidente el informe de los pasos a seguir en las diferentes secretarias de estado, y con el argumento de que para que él no se quebrara la cabeza, ellos, la alta burguesía ya le habían señalado quienes iban a ocupar las diferentes secretarias de estado, ya que poco a poco iban cerrando filas en todas las direcciones de gobierno, pero don Luis pretende darle impulso al agrarismo creando infraestructura en el campo, pero desgraciadamente ya la burguesía había invadido todas las áreas de dirección gubernamental, tanto en el centro del país, como en todos los estados de la republica, y cualquier intento del mandatario en turno que pretendiera reivindicar a las mayorías en economía y en asistencia social eran sofocadas por la maraña que habían entrelazado la burguesía, para hacer fracasar cualquier programa de gobierno bien intencionado, esto por un lado y por otro don Luis tuvo la mala fortuna de haber tenido como cuñados a los Zuno, ya que lo obligaron a ser muchas cosas que él no deseaba en las que intervenía doña Esther, primera dama del país, y a la que don Luis no se atrevía a contra decir, y así entre conflictos económicos, conflictos políticos y conflictos familiares paso el sexenio don Luis con la conciencia intranquila porque al igual que don Gustavo Díaz Ordaz, pesaba sobre sus hombros los trágicos acontecimientos del sesenta y ocho, y estaba consiente de que no obstante había tenido las riendas del país en sus manos nada pudo hacer por la clase necesitada, ya que sus intentos fueron bloqueados por la burguesía que tenía todas las áreas gubernamentales bien controladas, lo único que aún se podía hacer era nombrar a su sucesor y fue así como nombro al secretario de hacienda y crédito público, puesto que ostentaba don José López Portillo, aunque para darle un cariz un tanto democrático se habían ampliado algunos partidos políticos, como eran el Revolucionario de los Trabajadores que capitaneaba Rosario de Piedra, sustentando en políticos desaparecidos que había sido una secuencia del sesenta y ocho, el Socialista de los Trabajadores que capitaneo Rafael Talamantes, un estudiante a mí juicio frustrado que únicamente busco la forma de vivir del presupuesto, creando conflictos entre el estudiantado, y todo esto era parte de considerarse de la guerra fría de la burguesía y estaba también como partido el comunista mexicano que tuvo muy poca penetración en el país; el partido de la Revolución Mexicana que como el anterior nunca logro penetrar en la conciencia del pueblo y que únicamente se sostuvo al amparo de algunos generales retirados, y el Acción Nacional que venia agazapado esperando dar el zarpazo; y así con diferentes convulsiones políticas toma las riendas del país don José López Portillo, y sin calcular lo arraigadas que estaban las redes de la burguesía pretende darle impulso a causas que reivindicaran al pueblo en lo social y en lo económico y siguiendo la secuencia de Echeverría, creando centrales de maquinaria en diferentes partes de la república para que se limpiaran tierras de monte y piedra en tierras ejidales principalmente, con el propósito de hacerlas productivas y esto para el campesinado fue en forma gratuita, se perforaron pozos profundos en cantidades considerables y esto fue en todo el país, se construyeron miles de kilómetros de canales para conducción de agua para regar y hacer productivas las tierras para producir cereales y alimentos que el pueblo necesitaba, trato de crear agro industrias en el campo, con el propósito de que se industrializaran los productos del campo, todo esto porque junto don José López Portillo cuando estuvo como ministro en hacienda y don Luis Echeverría en la presidencia en diferentes ocasiones se sostuvieron largas platicas con ejidatarios de diferentes partes del país, en las que se había llegado a la conclusión de que es el campo el primer engrane para darle impulso a la economía de un país, pero para esto tenían que satisfacerse las necesidades internas del pueblo y después extenderse al exterior; y se tenia contemplado el saneamiento de las paraestatales, ya que la mayoría de hombres al servicio de las mismas se habían convertido en parásitos, ya que diariamente entraban a las empresas a checar su tarjeta de trabajador y los sábados se acercaban a recoger la raya, sin haber devengado el salario que estaban recibiendo, esto sin hacer cuentas de las prestaciones que recibían de las empresas cada trabajador y sus familiares; uno de los propósitos de saneamiento iba consistir en que quien administraría todas y cada una de las paraestatales ya no serían los compadres o recomendados de funcionarios que únicamente iban a saquear los recursos, pues eran de la nación y a través del puesto que ostentaban como administradores de tales empresas; otro de los propósitos de saneamiento iba a consistir en separar el sistema crediticio, separando las instituciones, o sea un banco para los pequeños propietarios y otro exclusivamente para el ejidatario y se trataría de estructurar un sistema de inspección y vigilancia para que el ejidatario no dilapidara los recursos financiados, se tenía contemplado producir únicamente los productos que se consumieran en cada una de las regiones del país, y la única distribuidora y compradora de todos los productos del campo iba a ser la CONASUPO, esto una vez que se hubiera saneado administrativamente, ya que con estas medidas se combatiría el nefasto intermediarismo en toda clase de productos del campo, pues este sistema de mercado interno en el país ha sido la causa del desmedido enriquecimiento del intermediario en detrimento del productor y sobre todo del ejidatario, con estos propósitos se había considerado que se irían deshaciendo en una forma paulatina de la influencia burguesa dentro del sistema de gobierno, pero para lograr estos propósitos a don José López Portillo ya no le quedaba tiempo y se hacia necesario que quien lo sucedería debía ser alguien que se identificara con estos propósitos y de entre la gente que rodeaba a don José López Portillo, pensó en el licenciado Gustavo Carvajal Moreno a quien para tal efecto hubo la necesidad de colocarlo en la secretaria de la reforma agraria, ya que se hacia necesario desestabilizar a Javier García Paniagua, ya que se le consideraban fuertes nexos con Ronald Rigan, presidente de los estados unidos de norte América y don José López Portillo consideraba que no era prudente que el mandatario de México fuera una persona que se echara en brazos de los norte americanos, pero el error de López Portillo fue haber puesto a García Paniagua en la presidencia del partido oficial, o sea el revolucionario institucional, ya que ahí él era cabeza de ratón, pero al fin cabeza y don José declara un veinticinco de septiembre que el veinte cinco de octubre se destaparía el candidato a la presidencia de la republica, por el partido revolucionario institucional y García Paniagua al verse desplazado para contender lo que busco fue vengarse del presidente y aprovecho la oportunidad que le dio don José, en una salida que dio a una gira de trabajo por las islas magdalenas (creo que se llaman y pertenecen al estado de Veracruz), don José sale muy temprano de la ciudad de México para embarcarse a hacer la mencionada gira de trabajo y esa fue la oportunidad que Javier esperaba para dar el golpe político, porque a des horas de la madrugada de ese nefasto día, nefasto si para el pueblo de México, porque, quien hubiera pensado que la venganza política de una persona cambiaria el rumbo económico, social y político de un país-como lo menciono en esa madrugada- Javier como presidente del partido llama para que acudan a la explanada del palacio nacional a los representantes de los sectores, pilares que se consideraban del partido, Fidel Velásquez de la CTM, Lugo Gil de la CNOP, y a víctor Severa pacheco de la CNC y en tal llamado iba expresa una enérgica orden en la que los esperaba con contingente a mas tardar a la ocho de la mañana y don Fidel y Lugo lograron concentrar a boleros y pepenadores de papel de los basureros, la gente necesaria para llenar la explanada de palacio nacional, ya que no es muy grande, y cuando estuvieron hay reconcentrados en un templete improvisado, se para Javier para anunciar a los ahí reunidos y a toda la nación que con esa fecha se terminaban los logros revolucionarios del pueblo mexicano, ya que era la oportunidad que durante mas de cincuenta años habían estado esperando los grupos burgueses y oligárquicos, ya que iban a tener la mesa debidamente servida para tal a acontecimiento, porque fue a lo que Javier García Paniagua contribuyo con conocimiento de causa o no, pero les puso en la mesa las cucharas de plata para que la burguesía sopeara ahora si que a placer, porque lo que Javier estaba anunciando era que el partido revolucionario institucional se estaba pronunciando por la precandidatura de don miguel de la Madrid Hurtado, y que por su conducto se anunciaba para contender en las próximas elecciones para ocupar la presidencia de la republica mexicana, y como las cabezas de los tres sectores sabían que no era ese el plan del presidente en funciones se sorprenden y se miran entre sí con sorpresa y al momento Javier con agresividad y energía se dirige al que considero mas dócil, y este era don Fidel Velásquez y lo intimida con esta frase; ¿o la confederación de trabajadores de México no se solidariza con el partido? y don Fidel titubeando acepta, y al momento con la misma energía se dirige a Lugo Gil; ¿ y la confederación de organizaciones populares de México se solidariza con el partido?, y Lugo Gil con la misma actitud que don Fidel acepta, y por ultimo le toca a Víctor Severa pacheco, representante de la organización que por primera vez en el lapso de los dedazos iba a ser la declaración del destape el veinticinco de octubre del día que se había señalado para tal fin, fue quien mas se tardo en decidir, pero fue tan penetrante la mirada de Javier hacia víctor que su disculpa fue que ya eran mayoría así que se disciplinaba ante tal decisión y fue así que en mala hora fue el candidato a la presidencia de la republica por el revolucionario institucional y el peor de los presidentes Miguel de la Madrid, y fue así como terminaron los logros revolucionarios que haya tenido México, ya que con miguel de la Madrid lo que la burguesía oligárquica no pudo hacer en cien años de lucha armada lo logro con seis años de gobierno con miguel de la Madrid al frente del país, ya que fue Miguel de la Madrid quien en forma paulatina les fue entregando a la burguesía todo el control de la economía que como lo he señalado; que la táctica de la burguesía había sido la guerra fría y fue miguel de la Madrid quien le aplico la guillotina a la revolución mexicana, y tanto la burguesía como de la Madrid pensaron que las cosas les iban a ser fáciles en lo sucesivo, ya que para disfrazar sus intenciones anunciaban los pronunciamientos que venia haciendo la Margaret Tacher de Inglaterra, que la solución de los países para salir adelante en su economía era la privatización de los medios de producción, actitud que miguel de la Madrid venia haciendo propia y ante tales rumores en un congreso que se celebraba para festejar el aniversario del partido revolucionario institucional y en el curso del congreso toma la palabra Cuauhtemoc Cárdenas y después de señalar las atenciones del partido toca el tema de lo que se venia haciendo alusión con respecto a la venta de las paraestatales y se pronuncia en desacuerdo en las medidas que pretendía hacer el gobierno de la republica, y al dejar la tribuna la toma Porfirio Muños Ledo y al igual que su antecesor después de hacer alusión a los acontecimientos que los había ahí congregado retoma la versión de desacuerdo de su antecesor en la palabra y, hace el siguiente pronunciamiento (que efectivamente si el gobierno de la republica llevaba acabo sus pretensiones de privatización, se iba a deshacer de la maquinaria para hacer dinero y que el gobierno de la republica se iba a convertir únicamente en gendarme para cuidarle a los ricos el capital, y que al pueblo lo ahorcaría con impuestos para pagar a esa gendarmería que tenia que sostener, y ante las inesperadas actitudes de los ponentes casi le arrebatan el micrófono a Porfirio por indicaciones de Miguel de la Madrid y lo obligan a bajar de la tribuna, y en el estrado a una de las diestras del presidente, estaba de la vega Domínguez

actual presidente del partido y le ordena de la Madrid, - expúlsalos del partido
en este momento y titubeante ante tal orden hace ante el congreso el
pronunciamiento, la expulsión de Cuauhtemoc Cárdenas y Porfirio Muñoz ledo
argumentándoles rebeldía al gobierno de la republica, a sabiendas de la Vega
Domínguez que tal determinación era ilegal, ya que el partido como las
organizaciones tienen un procedimiento legal para someter a juicio para expulsar
a sus miembros y no hacerlo en forma arbitraria como lo hacían en esos
momentos, pero como lo estaba ordenando el presidente de la republica, aún
en forma arbitraria tenía que obedecérsele, ya que era el representante de la
democracia del juego político y como de la Madrid sentía que con la
insubordinación de Porfirio y Cuauhtemoc, peligraban los propósitos a los que
se había comprometido con los jerarcas de la alta burguesía de adentro y fuera
del país que afortunadamente paso sin consecuencias mayores. Fue entonces
que se le facilito a Porfirio lo que había venido tramando en parte desde tiempos
atrás, ya que había pretendido formar una izquierda dentro del mismo partido
y esto con el propósito de contrarrestar las acciones arbitrarias que cometían los
representantes en turno en el partido, pero lo que Porfirio no llego a captar era
que todo lo que sucedía tanto en la administración publica, como en el partido
eran acciones debidamente calculadas, ya que como lo he venido diciendo en
líneas escritas anteriormente, que la burguesía oligárquica ya tenia la red
completamente tejida y que con de la Madrid al frente la mencionada red ya
estaba en el viento y solo esperan que cayera en los lugares que tenían
debidamente calculados, y así se sigue desarrollando el sexenio entre pequeñas
convulsiones encabezadas por Cuauhtemoc y Porfirio en la capital y algunas
escaramuzas políticas en el interior de la republica, para esto ya estaba cerca el
fin del sexenio, pero de la Madrid no era la única pieza del ajedrez que la
burguesía tenia preparada, pero con los acontecimientos recientemente surgidos
la red que habían lanzado tenían que detenerla, porque sabían que las cosas se

les habían complicado dentro de su ajedrez y para eso necesitaban a una pieza no inteligente, sino hábil para que las piezas del ajedrez pudieran ser movidas con precisión, y había una que antes que de la Madrid venia buscando la forma de colocarse al frente, pero ni con Echeverría, ni con López portillo lo consiguió, ya que como lo dije anteriormente de la Madrid fue un golpe de buena suerte para la burguesía oligárquica y con de la Madrid al frente de la inocencia de toda la gente del país, y al hablar del país me refiero también de las organizaciones mal llamadas así, y del partido que aún todavía era capitalizado por el presidente de la republica; y la pieza del ajedrez de la que he venido haciendo mención, era nada menos que Carlos Salinas de Gortari, no obstante que había sido el principal promotor del fracaso de las paraestatales, ya que para eso lo habían puesto ahí los directores de la burguesía y aún sin haber consolidado su propósito, Miguel de la Madrid de entregarles completamente el país a la burguesía, si hace uso del poder como presidente, junto con Carlos Salinas de Gortari logran fraudalentar las elecciones del ochenta y ocho que con el registro que ostentaba el partido comunista mexicano que representaba Eberto Castillo y quien accedió a participar en la coalición democrática para respaldar la candidatura de Cuauhtemoc Cárdenas para que este participara en las elecciones para presidente de la republica, elección que gano la coalición, pero que como ya se hizo mención, que utilizando un sin fin de artimañas logran darle el triunfo a Carlos salinas de Gortari, sin imaginarse la mayoría de los integrantes del revolucionario institucional que habían colocado a otro de los judas al frente del país y que su misión consistía en entregarles por completo las riendas del país a la oligarquía burguesa, pero tenían el problema de la coalición democrática que se encontraba enfurecida por el triunfo electoral que de la Madrid y Salinas les habían arrebatado, y como lo he mencionado la pieza habilidosa de la que se ha venido haciendo mención seguía siendo Salinas de Gortari y haciendo uso de lo que lo caracterizaba, Cuauhtemoc fue un juguete en sus manos, ya que lo convenció que se desistiera de las protestas por el fraude electoral y que se dedicara a formar un partido, para que en el siguiente sexenio pudiera participar nuevamente en la contienda presidencial, pero ya con registro propio y que tendría el respaldo del presidente de la republica para que no tuviera problemas en la conformación del partido y aparte de las proposiciones antes mencionadas no se supo que mas le ofreció, ya que cuauhtemoc accedió tan fácil y sin darle a conocer a absolutamente a nadie de los acuerdos a los que había llegado con Salinas de Gortari y con toda la desfachatez del mundo sigue tratando de capitalizar el partido que apenas estaba en embrión, y así formando un trío Cuauhtemoc, Porfirio y Eberto se dan a la tarea de conformar el partido de la Revolución Democrática con sus siglas PRD, pero como aún quedaban brotes de inconformes, Salinas buscando dividir lo mas que se pudiera a tales inconformes llama a las gentes que consideraba cabecillas y las insita a que formen cada quien por su lado diferentes partidos y con la misma promesa que a cuauhtemoc, que tendrían del presidente las facilidades necesarias para la constitución de los partidos; y fue así como nace el verde ecologista por un lado y por otro el Partido del Trabajo, y en esa forma a la coalición democrática la divide en tres diferentes frentes, por un lado y por otro comienza a darle juego al partido de la burguesía que había venido agazapado desde su conformación, únicamente esperando el momento para entrar en acción y ya con su padrino al frente del país les comienza a dar juego de la siguiente manera:

les regala posturas políticas, y al partido al que me refiero es el que aglutina a las clases oligárquicas y burguesas y que fue el partido de la contrarrevolución en su momento, y este es el partido acción nacional conocido por sus siglas PAN, y ya que salinas aún tenía el control del revolucionario institucional y conociendo las artimañas que durante mas de sesenta años habían venido llevando a cabo en cada elección, no le costo ningún trabajo para voltear la brújula a favor del partido de la burguesía, y así comienza a regalarles posturas políticas.

la primera fue la gobernatura de una de las bajas californias y sigue regalándoles al acción nacional diputaciones federales, diputaciones locales, presidencias municipales y en esta forma hizo salinas diputado federal a Vicente Fox y lo arenga para que con mucha anticipación haga labor de proselitismo para competir como candidato para presidencia de la republica, mientras que por otro lado haciendo uso de sus habilidades y utilizando como escaparate la democracia, lanza a los inocentes que se consideraban mas hábiles, a que entre ellos mismos despedazaran al revolucionario institucional, aunque entre los contendientes había un favorito y como en la selección no queda el favorito, el seleccionado por el pueblo, queda sentenciado a no llegar a la presidencia por los directores políticos de la alta burguesía, que sentían frustrados sus anhelos de conducción del país, pero con salinas a la cabeza tenían que buscar la forma de conocer todos los pasos que en su campaña iba a dar el seleccionado del pueblo a la presidencia, y para que salinas se diera cuenta al instante de sus movimientos en forma por demás habilidosa le coloca al seleccionado nada menos que al coordinador de la campaña, con la promesa sin duda de que su colaboración sería premiada y para llevar a cabo tales propósitos se escoge a un estado gobernado completamente por la burguesía, o sea un estado panista y es así como salinas premia al coordinador de la campaña del que había sido seleccionado, y así de dedazo es presidente Ernesto Zedillo, pero ya con la consigna de cubrir todos los desvíos de recursos que habían generado la venta de las supuestas ventas de las paraestatales que había logrado poseer el gobierno, y que nunca se supo que paso con los dividendos de tales ventas y a demás de completar la consigna de de la Madrid y Salinas de entregarles a los burgueses las riendas del país, y es así como Ernesto zedillo logra consumar los anhelos de la alta burguesía oligárquica, y es así como en esta forma lograron el triunfo de la guerra fría que iniciarán al termino de la revolución cristera en 1929, y lo lograron con Vicente Fox a la cabeza, pero es un tanto difícil satisfacer la voracidad de la burguesía sin menos cabo de las grandes sociedades que son mayoría en el contexto del pueblo mexicano, ya que en veinte años de economía neoliberal con el libre comercio y la globalización se han hecho archimillonarios un millón de mexicanos y aproximadamente cien millones, que son el resto del país cada día viven más en la miseria, pero como es la ironía de la vida, Vicente Fox cuando lo declararon triunfador en las elecciones invito a sus seguidores que en su mayoría eran inocentes pobres de las barriadas del distrito federal a congratularse del triunfo, nada menos que alrededor del ángel de la independencia, que en gobiernos revolucionarios erigieron en honor de los mártires que encabezaron las luchas armadas, tratando de darle libertad y patria al pueblo mexicano, ¡ ha pues Vicente Fox fue al monumento a vanagloriarse y a decirles a los mártires que de nada les había servido su sacrificio y su muerte tratando de liberar al pueblo de la miseria, ya que con él a la cabeza continuaban sus bisabuelos al frente nuevamente del país.

Hablo de ironía porque desagraciadamente es la clase mas necesitada la que es manipulada por gentes sin escrúpulos, únicamente para servirse de ellos y explotarlos a su favor en diferentes formas, como son el trabajo laboral mal remunerado económicamente y al mismo tiempo es utilizada esa gente miserable en las diferentes corporaciones policiales, ya sea en el ejercito, la policía judicial, en las policías estatales y municipales, ya que con el sólo hecho de portar una placa de tales nombramientos lo consideran su salvo conducto para matar en forma impune, salvo que el asesinado sea familiar o allegado de algún burgués, entonces sí quieren aplicar hasta la pena capital para el agresor. En el señalamiento de gentes nefastas y sin escrúpulos deben ser señalados, ya que en mala hora fueron encumbrados por la confianza del pueblo y sin embargo son los responsables de la miseria cada vez mas acentuada en todo el país y ellos son miguel de la Madrid, Carlos salinas, Ernesto Zedillo y en el momento en que escribo estas líneas Vicente Fox, ya que es el abanderado de la burguesía dentro y fuera del país.

A continuación me ocuparé nuevamente de la constitución del Partido de la Revolución Democrática, un partido que nació con la imperiosa necesidad de conducción para el pueblo de México, motivo por el cual nació fortalecido, pero desgraciadamente la tan necesaria conducción no la tuvo, ya que los pioneros del partido se enfrascaron en la ambición de querer ser presidentes de la republica, sin detenerse a pensar que para dar ese salto se hacia necesario consolidar en forma firme las bases.

Tales bases las constituye la organización bien cimentada en todos y cada uno de los habitantes de los pueblos que conforman al país, y Cuauhtemoc y Porfirio creyeron que con el simple hecho de que en diferentes estados de la republica habían logrado una determinada cantidad de firmas de apoyo para constituir el partido era suficiente para conservarlo, aunque es de considerarse que en las cámaras tanto en la de senadores, como en la de diputados jamás hubo legislador que se enfrentara tan asiduamente a defender los derechos de México y de los mexicanos como lo hizo Porfirio Muñoz Ledo, siendo legislador por el partido de la revolución democrática y uno de los pioneros del mismo, el otro pionero fue cuauhtemoc Cárdenas, pero ya una vez formado el partido como ya lo he mencionado anteriormente le falto dirección, y a consecuencia de la falta de conducción el partido ha sido presa de mucho vival que únicamente a buscado la forma de vivir del presupuesto gubernamental, y otros muchos mas únicamente con el afán de sentirse rodeados de gente, ser adulados y recibir aplausos como fue el caso de Irma Serrano, Carlos Bracho, etc. y etc., otros de los muchos errores que han cometido quienes han capitalizado al PRD, ha sido el sacrificar políticamente a su gente para darle postura políticas a gentes que no habían sido miembros del partido, tales como Camacho Solís, Socorro Díaz y otros muchos mas a nivel nacional y en los estados de la republica. Y así como cuauhtemoc en la capital manejo al partido como que si hubiera sido una empresa de su propiedad, así capitalizo al partido en su beneficio, queriendo ser presidente a sabiendas que el partido no tenia las suficientes bases, ya que como lo mencione antes al partido le ha faltado conducción y aún le sigue faltando, ya que quienes conducen a las masas de gentes no se hacen, sino que nacen con tal habilidad, pero se necesita que a la persona con tales habilidades se le de la oportunidad para desarrollar tales acciones y para tal efecto salen sobrando las universidades, por qué cómo es posible que los dirigentes en turno del PRD hayan hecho alianzas con el PAN, cuando Miguel de la Madrid, Salinas de Gortari y Ernesto Zedillo en una acción desesperada habilitaron al acción nacional para contrarrestarle fuerza al recién nacido partido de la revolución democrática, oportunidad que desgraciadamente desaprovecharon los representantes en turno, ya que se dejo traslucir que se dedicaron a explotar al partido en su personal beneficio, tanto los funcionarios que salieron premiados por conducto del partido con puestos de representación popular del mismo, ya que tuvo una mediana conducción, pero solamente a nivel nacional cuando estuvo en la cúpula del partido Porfirio Muños Ledo y Eber del castillo que fueron los cerebros del mismo, pero se olvidaron de las células del partido y estas son y las componen las clases provincianas del país.

Son estas parte de mis análisis de los acontecimientos políticos y administrativos dentro del territorio nacional, pero haciendo remembranza de acontecimientos pasados llegó a la conclusión de que fue en los años de 1800 y a principios de 1900, épocas en que se dieron en diferentes partes del mundo impulso a tratar de obtener la liberación de la clase trabajadora, de abolir la esclavitud del hombre por el hombre, de plasmar en reglas las formas en que debía tratarse a la clase trabajadora y cómo debía dárseles un lugar dentro de la sociedad y que debía ser tratada como ser humano; y específicamente en México fueron las dos generaciones recientemente pasadas las que debieron preocuparse en cuestiones propósitivas, es decir, en el autentico ejercicio de la verdad, sin mas limite que el de la convicción firme, que éste en el individuo y que la exprese bien intencionada, pues es indudable que tal verdad debe tener la fuerza de los hechos morales y materiales que la definen, por eso en las verdades que se sostengan esta lo razonable del servicio que se intenta hacer en beneficio de las causas o de la prosperidad de nuestro medio.

Con lo aquí relatado se pensará que odio a la burguesía, que odio a los capitalistas, pero no, el malestar no es en contra de las personas, el malestar es en contra de la voracidad con que actúan. Y con estas líneas escritas pretendo dirigirme a todas las esferas sociales del mundo, pero en especial a las clases que se consideran distinguidas en el mundo terráqueo, que como seres humanos todos somos iguales, porque al morirnos lo único que nos diferencia a unos de los otros son los funerales, porque los de los burgueses son demasiado pomposos y los de los pobres son silenciosos y sin concurrencia, pero el destino final es el mismo, todos nos convertiremos en nada, así hayamos pasado en completo oscurantismo en la vida o hayamos sido muy brillantes, al final seguiremos siendo lo mismo, no somos nada; entonces porque mientras vivimos porque no buscamos la razón de nuestra existencia viviendo en concordancia unos con otros, ya que todos nos necesitamos unos a los otros, pero sin distingo, ya que el intelecto no es otra cosa que una adaptación especial a la propia vida y valores que el perfeccionamiento de las fuerzas impedirá la desesperación hacia el porvenir, ese hecho de unirse para mejorar el valor de la fuerza es la indudable necesidad que tienen los hombres de la revolución para perfeccionar su ideario, su acción y la formación capaz de un resultado que haga posible el perfeccionamiento en el ejercicio de la justicia, a ese mismo pueblo que hace posible la existencia de un proceso evolutivo.

La evolución es un fenómeno que debe observarse cuidadosamente, clasificándose todos sus efectos para de esa manera evitar lo sorpresivo debiendo fincarse esa vigilante responsabilidad en los hechos que dan una aparente prosperidad, cuando está provoca inquietudes que pueden variar los efectos calculados; la revolución ha evolucionado en todos los sistemas, pero se han desatendido las profundas inquietudes que la movieron, esencialmente en lo que se relaciona a todos los preceptos que se reglamentan en la observancia constitucional, por eso los demagogos hacen tanto daño cuando critican o prometen sólo para crear desorientaciones dolosas y de interés sectareo.

La revolución fue única, por eso debe ser valedera en su grandeza jurídica y constructiva, pero debe defenderse de las deformaciones que atacan las raíces de su origen, reunida en su formación filosófica de encontrar los verdaderos hechos en identificación, con las necesidades ostensibles de las colectividades que hacen de la revolución misma el enorme sentimiento de justicia social y la verdadera esperanza del futuro de México y aún del mundo, ya que en la actualidad en el mundo se hace necesario una guerra, una revolución, pero ya no con las armas, porque en la actualidad las guerras con armas son muy desiguales, ya que la clase poderosa posee armas tan sofisticadas que en un abrir y cerrar de ojos acaban con pueblos enteros; la guerra de la que habló debe ser psicológica para primeramente tratar de hacer entender a los poderosos que a nada conllevan los asesinatos masivos y que nos necesitamos unos a otros, ya que los ejércitos los componen las clases mas desprotegidas que se enrolan tanto en las corporaciones policíacas, como en el ejercito son clase asalariada, qué harían los poderosos en economía si no hubiera quien le sirviera como soldado o como gendarme o guardaespaldas, es por eso que se hace necesario la equidad en la economía; al no haber tanta miseria es seguro que no hay delincuencia y si no hay delincuencia no se necesitan ejércitos, ni tantos gendarmes, lo que se necesitaría sería un buen orden en todas y cada una de las acciones de los pueblos y de la naturaleza.

En esas normas quiero penetrar y si aún no lo consigo, quiero interpretar los motivos que mueven mis principios buscando explicaciones a las causas, desechando o fustigando ignominias y proclamando la bondad de una tendencia, que en mí concepto es lo mejor del mundo, alcanzando superación a medida que no se distorsione la esencia que representa en el bien general. Sí el sentido de las nobles luchas nacionales esta encausado a lograr la perfección del enaltecimiento humano, justo es conceder que se tiene en cada hombre un ser decidido a defender el ideal que no es una formula inactiva o inerte, sino una función de pensamiento y de acción, con el objeto de que el bienestar humano sea una realidad y así cuando el equilibrio sea una realidad legal e inexorable, el esfuerzo hará el resultado mejor.

La evolución determina funciones específicas que dan fuerza al ideario, que influye en todas las conductas para hacer empeñoso el bien concebido en la identificación natural de hacer realidad el entendimiento hacia los derechos y deberes.

Toda causa señala un rumbo con la convicción de lograr y conceder ambas actitudes, producto de una solidaridad invariable para fortalecer el destino colectivo. El no confundirse en esta gran batalla en que se debe enfrentar las ideas depuradas y los sentimientos extraviados hará surgir la verdad como tema inexcusable, por eso tenemos que empeñarnos en descubrir nuestro juicio acerca de los temas que representan verdadero interés, haciendo del ideario social un bien generalizado y de la lucha un constante batallar por los bienes que entraño la revolución mexicana, tiene que seguir su curso depurado haciendo inseparable su trayectoria en todo lo presente, ya que los vicios no están en las cosas, sino que están en nosotros mismos.

Nos damos cuenta como los estudiantes que en las aulas son inquietos, al llegar a ser profesionistas se vuelven vanidosos e indiferentes a medida que se van rodeando de comodidades, siendo que sería de considerarse que el individuo que a medida que adquiere mas cultura, mayores deberes debía tener para la sociedad, y con esto se consigue la libertad y un sentimiento de las almas que quieren ir por la vida haciendo de la institución la suprema guía de una evolución, cuando los mismos gobiernos de los pueblos se nutre de un concepto pleno de libertades de los anhelos de los hombres y mujeres de México, así que la próxima revolución debe ser, pero no con armas, sino con ideas y conceptos, pues al dejar pasar el tiempo con sus problemas e inquietudes indiferentes a ellos la lucha sería distinta; por eso es necesario que nosotros sin ser mas instrumento de las sangrientas revoluciones que ya no deben ser, y seguro de que los ciudadanos son parte de nuestros sentimientos e ideas sentirán la razón de una causa que les ha hecho libres y serán capaces de comprender que los medios de superación que deben aportar a su revolución, arrojando a los demagogos para fortalecer la verdad de los resultados de un pueblo como el nuestro, no puede alcanzar las metas de prosperidad para hacer fuerte a la justicia cuando lo defectuoso aún no se vence, dado el egoísmo que los malos negociantes ponen en juego, se necesita aceptar la depuración de cuanto influye en nuestro retraso, pero se debe crear la riqueza del trabajo que puede traducirse en horas cuyos rendimientos tiene que fortalecer al estado y a la revolución misma para darle forma definitiva a una ley equilibrante, resumida en bienestar para todos los medio culturales generalizados en las colectividades, tiene que crear una moral que guié las relaciones humanas en nuestro medio para de esa forma eliminar todo cuanto nos hace daño, debemos convencernos de que la evolución de los ideales o causas sociales no deben precipitarse y debemos aceptar un ritmo que este en concordancia con los momentos que propicie la posibilidad del éxito, no olvidando que las tentaciones hacia pleitos desorbitados llegan a agotar todo afán de servicio o de ejecución de programas, hacer lo contrario a la actitud segura de presenciar la resultante de nuestro empeños es precipitarse a seguir la conducta de aquellos que se llaman predestinados a convertir la nada en todo y creer que lo que otros hicieron fueron hechos equivocados, no debemos olvidar que sin ideas sería inexplicable la evolución humana, pues ella palpita después de todo esfuerzo realizado por el hombre; en la actualidad se viven momentos desconcertante dado que todo es adulterado simulándose los hechos o atropellándose los grandes ideales, estamos presenciando la destrucción de nuestra patria, pues lo mismo lo hace el hombre por incultura que por inconciencia, ya que sus ambiciones destruyen todo lo natural e impiden además que las colectividades sean educadas y defiendan el patrimonio nacional. Las leyes inspiradas en la lucha del pueblo se han ido deformando en una actitud en contra de la patria, pues a pretexto de que pesa sobre nosotros una influencia extranjera que mas que beneficio es una amenaza, porque se han formado mafias detentadoras que hacen cada vez mas que imposible la justicia social entendida a nuestra manera, es decir con nuestra propia filosofía y necesidad que fijan características con las necesidades de nuestro pueblo, existen guaridas dizque de hombres de mentes superiores, pero con tendencias a los privilegios que se copiaron aquellos burgueses oligárquicos aristócratas que derrumbo la revolución encabezada por Hidalgo, pero empeciñándose en trastornar las normas de equilibrio y a caso sin pensar en la gestación de convulsiones mas cruentas para los mexicanos, se han deformado las condiciones de tal manera que son de actualidad los conceptos de los hombres de reforma juarista insatisfechos y burlados, al igual que en la época maderista y por si fuera poco la figura de Morelos mas admirable y agigantándose su pensamiento y ejemplo tal parece que exhibe su protesta y su indignación; se han puntualizado los motivos que germinan inquietudes populares de quienes presencian un progreso que no disfrutan repitiéndose la posibilidad de que si no se levanta un dique a tiempo para contener ese torrente de ambiciones de extranjeros y de dentro, la clase burguesa oligárquica descendiente de la contrarrevolución que continúan con su guerra fría y que dicen querer a México, pero que ocultan que su querer, es sólo deseo de explotación y sí esto no se reflexiona pronto tendremos nada mas que la ruinas materiales y morales de las que ahora son empresas petroleras, mineras, madereras y de un sin fin de recursos naturales que posee nuestro suelo y nuestro mares.

En México se nenecita autoanalizar sus programas de bienestar general, sabiendo que las revoluciones han creado formulas básicas para constituirse en bienestar, y por eso es que necesitamos que la revolución mexicana que no ha creado súper hombres haga posible la evolución de la colectividad, no alimentando el privilegio de la explotación para imponer el respeto que con gran gallardía el impasible Juárez invocará como formula de paz; estamos frente a una lucha contra la naturaleza puesto que se han desviado los principios, ya que se han podido crear elementos que dañan mas a la humanidad que los que pueden beneficiarla, contamos con la fuerza de lo satánico que tiene a su alcance los elementos que dañan la moral de las colectividades y en cambio los buenos son tildados de locos; existe otra casta que en nombre del poder divino cometen engaños como de los que ya he relatado en líneas atrás, simulan pasiones, fomentan odios y no obstante parecen ser intocables por un fuero que es indebido o ilegal y moralmente cada día tienen mayor voracidad, el hecho es que es mas valioso un judas de oro que un cristo de plata y es que el mal esta del todo organizado en tanto los hombres de bien se hayan desamparados y en la mayor desunión, no se puede concebir como existen gentes que no tiene ningún escrúpulo en servir a intereses ajenos a México, siendo mas necesaria la estructura política que sea el instrumento de trabajo positivo para servir y servirse a los mexicanos, valorando nuestros anhelos, pensamientos y sentimientos del concepto patrio, afirmándose en una ideología muy nuestra que arranca de una revisión histórica de nuestra revolución, partiendo desde los objetivos profundos de José Maria Morelos, debemos pensar que las ideas son universales, pero su aplicación corresponde a una esencial aplicación por necesidad del medio, así México se tiene que valorar con su trayectoria propia dejando las imitaciones de cualquier contexto del mundo, pero establecida en una mística sociopolítica que puede ser efectiva, pero no por ello debemos imponerla a nadie como tampoco se debe admitir que se destruyan o se deformen nuestras tendencias que aún siendo arcaicas y algunas otras en desuso, pero siempre han sido salvadoras; tampoco debemos aceptar la moderna tendencia que aunque de liberación es en realidad otro imperialismo, los mexicanos debemos pensar en la verdad de la causa de nosotros mismos hecha en el curso de una lucha de amargas experiencias, pero de acuerdo con nuestros propios sentimientos, costumbres y cultura, apartándonos de todo fanatismo del orden que sea, para hacer de la verdad un propósito común de emancipación y justicia, porque las mismas esperanzas de la juventud tal parece se flaquean a veces ante tanto espectáculo lacerante que se contempla, debemos estar concientes y convencidos que la naturaleza produce diversificaciones y pluraliza los acontecimientos de la vida, transformando la intelectualidad cuando se quiere adentrar en las enormes significaciones que ofrece a la visión y dedicación del hombre para lograr tantos beneficios que podrían disfrutar los humanos, sí consideramos esa valoración conceptuosa que nos ofrece la naturaleza; vemos que ella nos ofrece múltiples principios de los que pueden hacerse programas o leyes; es tan sabia la naturaleza que nos rodea que si pensáramos en el mar que nos ofrece múltiples alimentos, si nos referimos al árbol podemos citar por ejemplo al modesto pirul que nadie estima, y en cambio su semilla la comen los pájaros que exterminan insectos y propagan la misma semilla que se ha hecho utilizable en algunas regiones en sustitución de la pimienta, en tanto que su madera la ocupan los fabricantes de cerillos y palillos para los dientes, y así podríamos citar infinidad de productos que nos ofrece la naturaleza, pero hay mucha gente inconciente que con el afán de riqueza talan en forma indiscriminada, lo cual constituye un atentado contra el ser humano, contra la riqueza de un país y un atropello al bello concepto de amar la naturaleza, pero todo es poco en comparación a ese constante laboreo de los árboles en su beneficio a la tierra, al agua y a la salud de todos los seres que habitan el mundo que nos rodea, sí se aquilata la ninguna importancia que se les tiene a los valores naturales fácil es decir, la decadencia que miles de hombres que desprecian todo incluso al hombre mismo nos estamos desentendiendo de que todo crecimiento demográfico de un país no puede resolverse arrasando todo para lograr la alimentación y dinero para comprarlas, pues ambas cosas se pueden conseguir cuando mejoremos los métodos para hacer producir la tierra, sí nosotros, todos los mexicanos valorizamos el proceso de la historia en todos y cada uno de sus capítulos nos daremos cuenta de los muchos daños que nos ocasionamos al heredar una secuela de desatinos, aunque provocados para cambiar el rumbo, pero de continuarse seguirán haciendo daño en el futuro, precisamente por no comprender que existe un nivel moral en todo proceso humano, mismo que señala el rumbo del bienestar o la desgracia, salvo todo aquello que la catástrofe pueda ocasionar no sin querer que las normas de equilibrio, respeto y normalidad en las aspiraciones que pueden evitar una catástrofe provocada por el hombre, como son las guerras o las revoluciones sangrientas admitiendo únicamente la revolución en el sistema de una programación evolutiva que entrañe el juicio aplicado a los métodos que hagan estable la supervivencia social en el equilibrio lógico que ofrece la justicia en todos los ordenes, incluso en todo aquello que ofrece la naturaleza.

En México debe buscarse la forma de evitar todo saqueo en los recursos que se posee y adoptar una identidad propia, ya que hasta en los hechos históricos

México ha sido ultrajado, a consecuencia de que los historiadores y escritores han sido extranjeros y se escribió únicamente lo sobresaliente que los invasores como hazaña lograron, porque no hay historia escrita de las muchas derrotas que sufrió Hernán Cortés cuando tratando de apoderarse de los tesoros del rey Coliman dejo lo que es ahora el distrito federal y a atravesó el país tratando de lograr su empresa, sin haberlo logrado y después de muchos intentos sin poderlo hacer opto por relacionarse con las tribus circunvecinas al reinado y con la promesa de que al derrocar a coliman los trataría con privilegios y que se quedarían en sus tribus, o sea que se les respetarían los territorios que habitaban y ya sin el acoso del Coliman, ya que año tras año tenían que rendirle tributo, o sea llevarle un porcentaje de todo lo que producían, y aquellas tribus que no cumplieran eran fustigadas por los guerreros del rey Coliman, ya que el reinado era muy extenso, abarcaba mas de la mitad de lo que es el estado de Jalisco y mas de la mitad del estado de Michoacán y se tenía una verdadera organización tanto en lo económico, como en lo administrativo, ya que todos trabajaban para todos, formando una verdadera comunidad dentro del reinado y sus arcas en metales y piedras preciosas eran inmensas, en los ríos y riveras que bajaban del volcán hacia la costa; a flor de tierra se encontraba una inmensa fortuna en toda clase de metales, por eso Hernán Cortes ante tales noticias trato de apoderarse de todas las riquezas y se dio a la tarea de convencer a los naturales de todos los alrededores y que no pertenecían a la tribu del Coliman, los arengo a combatir al Coliman, esto como ya lo he mencionado después de haber sufrido un sin fin de derrotas, pero ni con la alianza con los naturales pudo derrotar al rey Coliman, pero ante tanto acoso el Coliman tuvo que replegarse a lo que son los limites del estado en la actualidad, formando una muralla humana por un lado del volcán hasta el mar por el lado de Cihuatlán, y por otro del volcán al mar hasta Coaguayana y en esta forma estuvo defendiendo el territorio del reinado con un hombre cada metro, por eso se le llamo muralla humana de la que no hay registro en la historia, ya que el rey Coliman jamás sufrió una derrota como lo hacen alusión los historiadores, pero para eso tuvo que dejar de producir lo necesario para su subsistencia y al considerar que no podría sostener por mucho tiempo las investidas de los invasores opto por no permitir que su gente fuera ultrajada y sometida a la esclavitud y prefirió morir con toda su gente, y se enterró con todos ellos y sus tesoros, y que aún hasta la fecha no se ha sabido en donde quedo esa inmensa tumba que guarda los restos de todos los colimotes, y una vez despejado el paso, las gentes de Hernán Cortes por disposición del mismo, el pago por la alianza para con los naturales fue la esclavitud, ya que formo cuerdas de puro natural para recolectar las riquezas que en metales había en el territorio del reinado para mandarlos a España y detrás de los conquistadores venían los jesuitas, una orden religiosa para evangelizar a los naturales sometidos, y que Hernán cortes los hizo administradores de todo lo conquistado, formando fincas y haciendas con mano de obra de hombres sometidos sólo por una miserable alimentación y apunta de látigo, y todo esto poniendo como escudo a un dios que perdona y que condena, pues quienes habían nacido pobres tenían que resignarse, porque así lo habían designado los dioses, pero que en la resurrección tendrían su recompensa con una vida eterna y feliz, con frases de esta naturaleza con las cuales se le ha mutilado el cerebro para que la mayoría de la clase trabajadora acepte en forma mansa y resignada su estado de vivir en la miseria sin protestar.

Lo mismo sucede en los ejércitos, se les inculca tanto el sentido de la obediencia hasta mutilarlos cerebralmente a grado de que si se le ordena asesinar a su padre, cumple la orden sin protestar simplemente porque fue una orden superior, medidas que en la actualidad están tomando los empresarios en el medio industrial, con la amenaza de que ya no se va a necesitar al trabajador, porque se utilizaran las tecnologías avanzadas, todo esto con el propósito de que el trabajador acepte los míseros salarios que los empresarios les pagan, ya que la clase burguesa oligárquica a sido y es la clase capitalista que con su voracidad de obtener mas dinero esta llevando al caos no sólo a México, sino al mundo entero, porque los países industrializados están pensando hasta robotizar la mano de obra para no pagar obreros, sin detenerse a pensar que el desempleo crea miseria y con esto desesperación y hambre, y esto es lo que provoca la delincuencia y aún entre la delincuencia pueden crearse ejércitos y con esto enfrentamientos armados nuevamente entre pobres y ricos y esto a nadie le conviene, es por eso que voy a volver a insistir en que es necesario una guerra psicológica que conlleve a un entendimiento que nos lleve a la equidad entre ricos y pobres, equidad que únicamente se logro en México en una forma muy simple en los sexenios de Luís Echeverría y José López Portillo, pese a todas las criticas que tuvieron esos dos mandatarios y aún con todos los saboteos de los enemigos incrustados en la administración pública y confirmó la equidad porque en esos doce años que fueron los últimos de gobiernos revolucionarios en que un trabajador con un salario mínimo se podía vestir de pies a cabeza, o sea que se compraba zapatos, pantalones, camisa, sombrero y ropa interior y en la actualidad con un salario mínimo no alcanza ni para comprar un par de zapatos, es ese el desequilibrio entre la demanda del consumidor y de los altos precios de los productos industrializados, ¡ha! pero hasta los sexenios de López portillo y Luis Echeverría se consumía lo que México producía, no había los libres comercios, ni las llamadas globalizaciones de las que antes ya había hecho mención, de sus nefastas reacciones en la economía nacional.

La oportunidad perdida para México es como considere el sexenio de Miguel de la Madrid, y fue el sexenio de la gran demagogia el de salina de Gortari, y el sexenio del oscurantismo revolucionario el de Zedillo.

Cuando decidí escribir estas líneas modestas, confieso que me deje llevar por todo cuanto he experimentado en el curso de mis deberes ejercidos, pues al externar lo antes expuesto es con el propósito de atacar una causa de lo que queda y que aún puede defenderse, es un breve análisis del proceso evolutivo de lo que más debe interesarnos, es por eso que hice el propósito de atacar este aspecto ideológico de interés para la vida nacional.

Printed in the United States
By Bookmasters